"a toda la Primera Línea Global que lucha todos los días para que nosotros, los que no podemos luchar, logremos hacer nuestro arte en una sociedad más justa y en paz."

"to the entire First Line of the World that fights every day so that those of us who cannot fight can make our art in a more just and peaceful society."

author's note

poetry always has an imaginative, intangible content, and a real side, therefore physical, carnal and manifests itself through our senses.

I hope you will forgive me for my lack of cynical hypocrisy, my precarious praise for the bloodstained lie and cover-up of the truth about the current reality of the planet and all its nations. divided by economic powers and the lack of consensus.

it is time to listen to the Caciques, Lonkos, Machis and Rudolf Steiner, who know better than us how to take care of the planet with their ancestral technologies and systems proven by centuries that are good for the human being and for the planet.

we cannot miss this opportunity to express our satisfaction for those who fight daily for a fairer and more humane planet. thanks to them I am alive and I can write, paint, draw, make music and raise my daughter. without them this world would be a human slaughter.

finally, I want to say that all the poems have been written in complete harmony with the reality and imagination of a person just like yourself, but always with the truth and respect for all those who inhabit this universe.

Luis A. Steinbeck
Anahola, Kauai
2020-01-20

nota del autor

toda la poesía siempre tiene un contenido imaginativo, intangible, y un lado real por ende físico, carnal y se manifiesta a través de nuestros sentidos.

espero que me disculpen por mi falta de hipocresía cínica a mi precaria alabanza hacia la mentira teñida con sangre y encubrimiento a la verdad sobre la realidad actual del planeta y todas sus naciones. divididas por los poderes económicos y la falta de consenso.

es tiempo de escuchar a los Caciques, Lonkos, Machis y a Rudolf Steiner, que saben mejor que nosotros como cuidar el planeta con sus tecnologías ancestrales y sistemas probados por siglos que son buenos para el ser humano y para el planeta.

no podemos perder esta oportunidad para expresar la satisfacción por los que luchan a diario por un planeta más justo y más humanitario. gracias a ellos estoy vivo y puedo sentarme todos los días a escribir, pintar, dibujar, hacer música y criar a mi hija, sin ellos este mundo sería una carnicería humana.

por último quiero decir que todos los poemas han sido escritos en completa armonía con la realidad e imaginación de otro más que ustedes, pero siempre con la verdad y respeto hacia todos los que habitan este universo.

Luis A. Steinbeck
Anahola, Kauai
2020-01-20

immigrant in your planet
Romney
horse power
far from my land
skin of lovers
running away at night for a little while
the righteous path
I would care for her
Latin America
the rebound
not even water quenches my thirst
NEVER
morning wine
tentacles
I have
Huidobro, I am your son
nothing
I like strangers
silent moon
copper girl
the days pass slowly
the gods and their businesses
traitor
my mother used to say
I think about you every day
a quena painfully weeps

how can I help you, brother?
going camping
432
stop Chile
fresh from the bath
impoverished right wing facist repentant
fallen
the trophy
pale buildings
XL
sangre dulce joven para una vieja noche dorada
lies showered with blows
ode to a man
oda a otro hombre
days
creation is being exterminated
empieza a dar saltos torpes
when it rains, it rains
hearts in love
the flight
mina
a night in Polihale
alma vagabunda y ciega
because I'm a moron
rocks
kispidi mirtil

immigrant in your planet

immersed as an immigrant
in the land of the constant
but you already told that
tell me about the contrast

Languages from all over the world
make a confusion in my head
this beautiful and fertile place
created by you, Nature

new faces and cities
new streets and animals
not forgetting the headlines
about you, that are seen in other places

your width is the length of mine
as my uncle once said
salmon, lay your eggs in the river
and even the chickens say peep

creations are born long distance
from my land and my people
missing what I love the most
as an immigrant in a new place

inmigrante en tu planeta

inmerso como inmigrante
en el país de lo constante
mas eso ya lo contaste
háblame del contraste

idiomas de todo el mundo
hacen caldo en mi cabeza
este lugar hermoso y fecundo
creado por ti, Naturaleza

nuevas caras y ciudades
nuevas calles y animales
sin olvidar los titulares
que de ti muestran en otros lugares

tu ancho es el largo del mío
como alguna vez dijo mi tío
salmón pone tus huevos en el río
y hasta los pollos dicen pío

creaciones nacen a la distancia
de mi tierra y de mi pueblo
extrañando lo que más quiero
como inmigrante en un lugar nuevo

Romney

bright, humid morning dew

organ of all living things

magical creature that walks the earth

natural, free and fresh like water

you bury light with your infinite gaze

and it is in that place where we meet

Romney

Rocío mañanero brillante y húmedo

Órgano de todo ser viviente

Mágica creatura que andas por la tierra

Natural, libre y fresca como el agua

Entierras luz con tu mirada infinita

Y es, ahí, donde me encuentro contigo

horse power

Horses running into my mind
Oregano, salt and pepper
Rescue me from the salsa
Nobody care more than you
Yahoo!!! I have my tongue to run

Passing the line every day
Ultraviolet colors between your legs
Simple and common pain
Song of my heartbeat
Yajna!! You're juicy feeling

caballos de fuerza

caballos entran corriendo en mi mente
orégano, sal y pimienta
rescátame de la salsa
nadie se preocupa más que tú
yahoo!!! tengo mi lengua para correr

pasando la línea todos los días
colores ultravioletas entre tus piernas
dolor simple y común
canción del latido de mi corazón
yajna de tus jugosos sentimientos

lejos de mi tierra

acá
lejos de mi tierra
parece que vivo en otra era
los pájaros no cantan
todo se puso chanta
para ti son estos versos
que me salen sin verso
saludos al universo
pasaste de curso.
con que promedio?
igual de ante mano
felicitaciones por pasar
de curso.
para ti son estos versos
que me salen sin verso
saludos al universo
es el cumple del Andrés
celebrando están todos otra vez
felicidades le mando
y que cumpla otra vez
para ti son estos versos
que me salen sin verso
saludos al universo

far from my land

here
far from my land
it seems that I live in another era
the birds don't sing
everything is fake now
for you are these verses
even though they do not rhyme
greetings to the universe
you passed the course
with what average?
just the same
congratulations on passing
the course
for you are these verses,
even though they do not rhyme
greetings to the universe.
it is the birthday of Andrés,
everyone is celebrating again.
congratulations I send him.
and that he may turn another year
for you are these verses
even though they do not rhyme
greetings to the universe

piel de amores

Amor, mis deseos en tenerte conmigo
Mía has sido en sueños secos
Bebiendo de tu amor te pienso
Encontrándome totalmente contigo
Riéndonos nos perdimos con las nubes

Corriendo, cantando y dirigiendo
Ondas positivas para todos
Recorriendo la piel de los amores
Incansable para los incrédulos
Anunciando las buenas nuevas
Luchando por una vida más justa
Elemento básico de toda una reina

skin of lovers

love, my wish is to have you with me
you have been mine in dry dreams
I think of you, when I'm drinking your love
finding myself totally with you
laughing we got lost in the clouds

running, singing and leading
positive waves for everyone
running through the skin of lovers
tireless for the disbelievers
announcing the good news
fighting for a more just life
basic element of a whole queen

fugadita en la noche
(1993)

I

2:40 a.m.
despierto
miro alrededor
está oscuro
la cama está calentita
me levanto

II

2:45 a.m.
dejo mi pieza
salto desde el segundo piso
caigo bien, hay pasto
voy en busca del Omar
mi vecino dos años mayor
y luego vamos a buscar al Carlos

III

3:00 a.m.
ya los tres listos
decidimos salir a la calle
esta oscuro
caminamos hacia la rotonda departamental
esta todo destrozado por el aluvión
pilas de zapatos, ropa, lavadoras, cocinas,
animales, y barro, mucho barro

IV

3:30 a.m.
luego, empezamos a escalar la torre de luz
eran tres pero solo una estaba abierta
subimos hasta la cima
una vez arriba
teníamos acceso a 360 grados de la vista de Santiago
la torre temblaba con el viento, pero muy leve

V

4:00 a.m.
cuando empecé a bajar, tenía miedo
estaba oscuro dentro de la torre
una vez abajo
infantilmente empezamos a tirarles terrones a los autos
no pasaron más de 10 minutos cuando la policía apareció
empezamos a arrancar
primero pillaron al Carlos
que se puso a pelear con los policías
al Omar lo pillaron después que pusieran al Carlos dentro
del carro policial
yo me quedé escondido mirando que pasaba
hasta cuando unos de los policías saco su arma de fuego
y fue ahí que levante mis manos y me entregue
una vez cerca del vehículo policial
el policía todavía esta apuntándome con su arma
y me dice que me siente en el frente del vehículo

VI

4:20 a.m.
lo primero que el policía me dijo fue:
- ustedes no viven en la calle y no viven en una población
yo le respondí:
- como sabe? que no vivimos en la calle o en una población?
y él me respondió:
- tu andas con reloj, están educados y la forma de vestir.
yo me quede impresionado por el nivel de observación del
policía
luego me dijo en seco
- dime donde viven para devolverlos a tus padres.
yo estaba aterrorizado con la idea de que la policía
nos llevara de vuelta a nuestros hogares
pero al mismo tiempo tranquilo de saber que no nos
iban a llevar al calabozo

running away at night for a little while (1993)

I

2:40 a.m.
I wake up
and look around
it is dark
the bed is nice and warm
I get up

II

2:45 a.m.
I leave my room
I jump down from second floor
the grass breaks my fall
I'm going to Omar's
my neighbor two years older than me
and then we are going to look for Carlos

III

3:00 a.m.
the three of us are ready
we decide to go out to the streets
it is dark
we walked towards the departmental roundabout
the mudflow destroyed everything
there are stacks of shoes, clothes, washing machines, kitchens,
animals, and mud, a lot of mud

IV

3:30 a.m.
then we climbed the light tower
there were three, but only one was open
we climbed to the top
once we got there
we had acccss to 360° view of Santiago
the tower was shaking in the wind, but very lightly

V

4:00 a.m.
when I climbed down, I was scared
it was dark inside the tower
when we got to the ground
childishly we started throwing clods at passing cars
no more than 10 minutes later the police showed up
we fled the scene
first they caught Carlos
who started fighting with the police
they caught Omar after they put Carlos inside
of the police car
I stayed hidden watching what was happening
until one of the policemen took out his firearm
I raised my hands and gave myself up
once near the police vehicle
the cop still pointing his gun at me
tells me to sit in the front of the vehicle.

VI

4:20 a.m.
the first thing the policeman tells me:
- you do not live on the streets and you do not live in a shan-
tytown
I replied:
- how do you know? that we do not live on the street or in a
shantytown?
and he answers:
- you wear a watch, you are educated and the way they dress
the level of observation of the police impressed me
then he said curtly:
- tell me where you live to return you to your parents
I was terrified that the police
were taking us back to our homes
but at the same time I was calm because
they were not taking us to the dungeon

buen camino

caminos, nunca perdidos
todos llevan a algún lugar
nuevo o viejo, se llega
caminando.
he encontrado fruta madura
así también como fruta podrida
árboles altos como el cielo
y cielos bajos como la mar
sin nombre y sin raíz, me ve el hombre
sin cerebro ni vocabulario, el literario
sin dinero ni pertenencias, el rico
sin voz ni justicia, el gobierno
música para la sórdida masa
artefactos que esclavizan al ser y al humano
los mantiene durmientes, domados
sumisos, consumidos, con el pecho adolorido
nuevos perdigones han entrado en la historia
nietos y nietas sabrán de la lucha
que no ha terminado, y que seguirá por siempre
y por cada uno que ha entregado su buen camino
para hacer el camino de todos el buen camino

the righteous path

roads, never lost
they all lead somewhere
new or old, you arrive
walking.
I have found ripe fruit
as well as rotten fruit
trees, that are tall like the sky
and skies as low as the sea
without a name, without roots I appear to men
without brain or vocabulary, to men of letters
without money or belongings, to the rich man
without voice or justice, to the government
music for the sordid masses
artifacts that enslave the being and the human
keeps them sleepy, tamed
submissive, wasted, suffering chest pains
new lead bullets have pierced into history
grandsons and granddaughters will know of the struggle
that doesn´t end, and will continue forever
and for each one who has given up their own righteous path
to make way for everyone's righteous path

I would care for her

your mouth, she's so soft
she gave me a kiss
filling my soul, oh yes !!!
my tiny moon.
you appear when nightfalls
and when it dawns

       how beautiful is your shell
       tell me who gave her to you?
       if you were to give her to me
       I would care for her
       how lovely is your shell
       at night and during the day

queen of every dream
that I carry within
screaming at the wind, oh yes !!!!
delicious lovely shell.
my chest is in your hand
and I lose myself

la cuidaría

qué suave está tu boca
un beso a mi me dio
llenando mi alma ay si!!!
lunita mía
apareces de noche
y de amanecida

qué linda esta tu concha
dime quien te la dio?
si tu me la das a mi
la cuidaría
que linda esta tu concha
de noche y día

reina de todos los sueños
que llevo dentro
gritando al viento, ay si!!!!
conchita rica
mi pecho en tu mano
me perdería

Latin America

Latin America, sinister decapitated chicken
the eagle is high and out of control
kicks to the face, the stomach and back
direct gunshots, right in the eyes
deaths without a name and without a country
lies clothed in crystal luxuries

starving Latin America
even though the trees are full of ripe fruit
starving Latin America
and the generous ocean delivering fish and seafood
starving Latin America
even though her people work from sunrise to sunset

Latin America, cheap piñata
for gringos, asians and europeans

Let's go !!!
we will write history this time
without blood on our hands
without hate in our hearts
and without clouds in our minds

Latinoamérica

Latinoamérica, gallina siniestra degollada
el águila esta dopada y fuera de control
patadas en la cara, estómagos y espaldas
disparos directo, certero a los ojos
muertes sin nombre y sin patria
mentiras vestidas de lujo y cristal

Latinoamérica hambrienta
cuando los árboles están llenos de frutos maduros
Latinoamérica hambrienta
y la mar generosa entregando peces y mariscos
Latinoamérica hambrienta
aunque su pueblo trabaje de sol a sol

Latinoamérica, piñata barata
de los gringos, asiáticos y europeos

vamos !!!
nosotros escribiremos la historia esta vez
sin sangre en nuestras manos
sin odio en nuestros corazones
y sin nubes en nuestras mentes

the rebound

I find myself suffering yet again
because of a beautiful love that is not returned
not like you: Soledad, Amber, Deborah, Carolina,
Gregoria, Ximena, Natalia, Francisca, Cinthia and Irene
you, dedicated part of your lives to avoid my love

now that I am far away, not everything is different
love: you appear, temporary and fugitive
as well as the pears and apples from my orchard
when you ripen, you are liberated from your tree
the branch of your adventure lets you fly
but you don't take flight, you fall, and hurt yourself when
you land
you get up, but you're still stuck to the ground
along with all those who suffer from detachment

you build bridges to destroy them
a game of pirates and crocodiles from Holland
as if it were a mental and physical exercise
I notify you: you do not live inside of me
you have made your choice… it isn't me.

el rebote

acá me encuentro de nuevo sufriendo
por otro hermoso amor no consentido
no como ustedes: Soledad, Amber, Deborah, Carolina,
Gregoria, Ximena, Natalia, Francisca, Cinthia e Irene
que dedicaron vida para evitar mi amor

ahora lejos no todo es diferente
amor apareces, temporario y fugitivo
así como las peras y manzanas de mi campo
una vez que maduras te liberas de tu árbol
la rama de tu aventura te deja volar
mas no vuelas, te caes, te hieres al caer
te levantas, pero sigues pegada a la tierra
junto a todas las otras que sufren el desapego

construyes puentes para destruirlos
juego de piratas y cocodrilos holandeses
como ejercicio mental y físico
te anuncio que no vives en mi
ahora vives lo que elegiste … not me

ni el agua me quita la sed

seco como camello del Sahara
garganta atendida - bien perfumada
ni los mejores jugos - ni las mejores leches
ni el mejor té – ni el agua me quita la sed

las noches empiezan – la sed aún sigue impregnada en mi
garganta
las noches se acaban – y tu sed !!!
empiezas a ser parte mi vida cotidiana
desde la misma mañana hasta la madrugada

salí al agua de la lluvia por ayuda
quede entero mojado y con más sed
fuí a la mar a ver si me podía ayudar
la mar es salada – basurero de humanos

not even water quenches my thirst

dry as a camel from the Sahara
my throat serviced well and smelling nice
neither the best juices - nor the best milks
not even the best tea - not even water quenches my thirst

when the night begins - the thirst soaks my throat
the night ends - and so does that thirst !!!
you become a part of my daily life
from that very same morning until the next dawn

I stepped out into falling rain for help
I was completely drenched and thirsty
I went to the sea to see if it could help me
the sea is salty - a landfill made of humans

NUNCA

te he pensado ante la falta
nunca toqué tu piel para herirla
siempre fue con amor y delicadeza
que sólo el amor puede entregar

no espero disculpas ante la injuria
no espero cartas hablando de lo matado
nunca fuiste prisionera de un verdugo
todo fue sincero y con dedicación

nadie sabrá de las noches
de las cosas prometidas
de tu encanto de mujer
clavado en mi pecho al morir

toda distancia muestra el camino
con un poema hacia la verdad
mostrando lo recibido como obsequio
que luego se quita sin verdad

NEVER

I´ve thought about you in your absence
I never touched your skin to make wounds
I always did it with love and delicacy
only love can deliver that

I do not expect apologies for the insults
I do not wait for letters about what was killed
you were never a prisoner of an executioner
everything was sincere and with dedication

no one will know of the nights
of the things promised
of your woman's charm
nailed to my chest when I die

every distance shows the way
with a poem towards the truth
showing what was received as a gift
that is then removed without truth

vino mañanero

vino mañanero alumbras como el sol
encandilas mis pasos
vino mañanero embriagas al amor
con tu cuerpo y tu suave sabor
vino mañanero conquistas la pasión
de la vida dando color
vino mañanero desnudas a mi piel
belleza de toda mujer

vino mañanero hermano de la sed
tiembla la mano al vencer
vino mañanero olvidas quien soy
y me dejas a un lado

vino mañanero cocinas pa' un montón
de amigos que quedaron
vino mañanero despiertas razón
en las mentes sin perdón
vino mañanero alumbras la canción
de mi tiempo sin anden ni estación

vino mañanero hermano de la sed
tiembla la mano al vencer
vino mañanero olvidas quien soy
y me dejas a un lado

morning wine

morning wine you light up like the sun
dazzling my steps
morning wine you intoxicate love
with your body and your soft taste
morning wine you conquer the passion
of life giving color
morning wine you strip me to my bare skin
the beauty of every woman

morning wine brother of thirst
the hand trembles when I win
morning wine you forget who I am
and you leave me aside

morning wine, you cook for a bunch
of friends that stayed the night
morning wine you awaken reason
in unforgiving minds
morning wine you light up the song
of my time without platform or station

morning wine brother of thirst
the hand trembles when I win
morning wine you forget who I am
and you leave me aside

tentacles

the octopus grabbed me with its tentacles
unbalanced because of the many hands
hackneyed cream pie
with Californian strawberries

the town is empty and far away
they say summer is coming
willing to bring life
to our dear Codegua

I do not kneel before lies
succumbed to the injustice
strawberry cream cake
sweetens my life, a little bit

tentáculos

el pulpo me agarró con sus tentáculos
desequilibrado ante tantas manos
manoseado al pastel de crema
con frutillas de California

el pueblo esta vacío y lejano
dicen que viene el verano
dispuesto a darle vida
a esta Codegua querida

no me agacho ante las mentiras
sucumbidas en la injusticia
pastel de crema con frutillas
endulzan a un poco la vida

I have

I haven't seen you running through the streets in a long time
burning the fruit of your winter harvest
you say you miss me? - I don't think so - you dream about
me - every day
I have to edit the indian public thinking
I have to wake up earlier
I have to finish Marie's house
I have to start building the education center
I have to go to bed later
I have to feed a family
I have to listen to the radio on a daily basis
I have to concentrate to write
I have to pay my bills
I have to call my mother
I have to read more
I have to write more
I have to make myself happy
I have to play more instruments - at the same time
I have to make mate - coffee
I have to go buy groceries
I have to love
I have to respect
I have to listen
I have to cook
I have to do the laundry
I have to breathe
I have to collect my thoughts
I have to plant
I have to burn
I have to go upstairs
I have my family far away
I have my enemies close
I have to ...

I have to live
I have to die
to live
a thousand times

tengo

hace tiempo que no te veo por las calles corriendo
quemando el fruto de tu cosecha de invierno
que me extrañas? - no lo creo – que me sueñas – todos los
días
tengo que editar el pensamiento índico público
tengo que despertar más temprano
tengo que terminar la casa de Marie
tengo que empezar a construir el centro de educación
tengo que acostarme más tarde
tengo que alimentar a una familia
tengo que escuchar a diario la radio
tengo que concentrarme para escribir
tengo que pagar mis cuentas
tengo que llamar a mi madre
tengo que leer más
tengo que escribir más
tengo que hacerme a mi mismo feliz
tengo que tocar más instrumentos – al mismo tiempo
tengo que preparar mate – café
tengo que ir a comprar la mercadería
tengo que amar
tengo que respetar
tengo que escuchar
tengo que cocinar
tengo que lavar la ropa
tengo que respirar
tengo que ordenarme
tengo que mantener a mi familia lejos
tengo que cultivar a mis enemigos cerca
tengo que plantar
tengo que quemar
tengo que subir las escaleras
tengo que ...

tengo que vivir
tengo que morir
para vivir
mil veces

Huidobro, I am your son

I was born here inside of you
from your blood to your letter
now I see that I was robbed
when I see you, Cartagena
flowing with abundant coasts
fertile hills and streams
natural and sincere heading towards the sea

reading your words, Huidobro
a humble creation on paper and ink
bones full of gold was your cradle
this didn't dazzle your writing
always giving honor to your people
it was a pleasure for you, during your travels
that took you around the world
writing poetry

soy tu hijo Huidobro

he nacido aquí dentro de ti
desde tu sangre hasta tu letra
ahora veo que me robaron
al verte a ti Cartagena
fluida de ricas costas
fértiles cerros y caudales
naturales y sinceros hacia tu mar

leerte a ti Huidobro
creación humilde en papel y tinta
huesos colmados de oro fue tu cuna
que no encandilaron tu escritura
dejando tu pueblo siempre en alto
fue placer tuyo en las travesías
que te llevaron por el mundo
escribiendo poesía

nada

nada de lo que digo, ha sido escuchado
nada de lo que hecho, ha sido visto
nada de lo que he cocinado, ha sido saboreado
nada de lo que he escrito, ha sido leído

nada de lo que he despertado, ha dormido
nada a lo que he odiado, ha florecido
nada de lo que he robado, me ha servido
nada de lo que he entregado, ha sido recibido

nada ha sido por nada
nada es con que nací
nada es lo que me llevo cuando me vaya
nada es todo, sin ti

nothing

nothing I say has been heard
nothing I've done has been seen
nothing I've cooked has been savored
nothing I've written has been read

nothing that I have awakened has slept
nothing I've hated has blossomed
nothing that I have stolen has been useful to me
nothing I have delivered has been received

nothing has been for nothing
nothing is what I was born with
nothing is what I take with me when I leave
nothing is everything without you

me gustan las desconocidas

me gustan las desconocidas
ellas respetan mi trabajo
les hago de todo
cocino
lavo los platos
hago la cama
las hago dormir
ya – en la mañana
las despierto
café y galletas

todo va bien
todo va lindo
hasta cuando
olvido
cocinar
lavar los platos
hacer la cama
hacerla dormir
despertarla
y el puto café y las galletas !!!!

I like strangers

I like strangers
they respect my work
I do everything for them
I cook
I wash dishes
I make the bed
I make them sleep
and - when morning comes
I wake them up
coffee and cookies

everything is going well
everything is nice
until
I forget
to cook
to wash the dishes
to make the bed
to make her sleep
to wake her up
And the fucking coffee and cookies !!!!

luna calmada

debería haber notado mi presencia
con tus caderas bailando eran
fuerte mujer de alma entera
por qué no vuelves y nos damos paciencia

porquerías son con lo que se llenan
matando el latir del Corazón agitado
perturbando al amor distraído
que se va y me deja perdido

la batalla es contigo amor
no con tu cuerpo ni tu calor
amor me entrego a tu belleza
me rindo a ti con delicadeza

nadie nos puede quitar lo vivido
nadie puede tomar lo tomado
nadie te dijo que te amaba
mientras te hacían el amor
bajo la luna calmada

silent moon

I should have noticed my own presence
with your dancing hips
strong woman with a wholesome soul
why don't you come back and we give each other some
patience

they fill themselves with junk
killing the beat of an agitated heart
disturbing the distracted lover
that walks out and leaves me lost

the battle is with you, love
not with your body or your warmth
love, I render myself to your beauty
I surrender to you, delicately

no one can take away what we have experienced
no one can take what's taken
no one told you that they loved you
while they made love to you
under the silent moon

copper girl

why is it that at your age
you already look like a woman?
your gaze is lost
in the girl who's already left

in an old neighborhood
I found you in a cafe
your heavy make up look monkeylike
the rulers of your being
your shyness, your shyness

the copper girl is now
taking woman steps
and to the sound of your steps
your shyness is discovered
your shyness, your shyness

come on copper girl
time stays right here
and with your steps
your childhood came to an end

niña de cobre

por qué a tu edad?
ya pareces mujer
tu mirada esta perdida
en la niña que ya se fue

en un viejo barrio
te encontré en un café
maquillada como mono
gobernadores de tu ser
tu timidez, tu timidez

ya la niña de cobre
camina con pasos de mujer
y al son de sus pasos
se descubre su timidez
su timidez, su timidez

vamos niña de cobre
el tiempo se queda aquí
y con tu pasos
tu infancia llego a su fin

the days pass slowly

the hours stop
the minutes cast a shadow
and the seconds hit my face

stopped and out of time
with your absence assured
no one has put a rope on you
you will soon know what I'm saying

don't tell me you didn't know
don't tell me you messed it up
I don't want to get involved
she doesn't want to talk to you

we are divided by scum
they come down on us with sheep's clothing
yet everything here is clear
make a circle with a saw

los días pasan lento

las horas se detienen
los minutos hacen sombra
y los segundos golpean mi cara

parado y sin tiempo
con tu ausencia asegurada
nadie te ha puesto lazo
ya sabrán de lo que hablo

no me digas que no sabias
no me digas que lo ensuciaste
no me quiero meter
ella no quiere hablar contigo

estamos divididos por escorias
bajadas con trajes de ovejas
aquí esta todo claro
serrucho has un aro

the gods and their businesses

your kisses are far from me
other men have them
other men feed you
I am hanging out to dry in Codegua
you lied looking straight into my eyes
saying your kisses were only mine
saying your hands were only mine
saying your body was only mine
you lied, you lied and you lied
how much love can be contained
knowing that it can't be measured
the deception has no end
when it comes from you.
you spit in my face
with your gods in clown costumes
I wasn't able to take cover
when they were being tricky.

directed with greed
they tore me to pieces
ingested by the vultures
the gods and their businesses

los dioses y sus quehaceres

tus besos están lejos
otros hombres los tienen
otros hombres te alimentan
yo me seco en Codegua
mentiste mirando a los ojos
que tus besos eran sólo míos
que tus manos eran sólo mías
que tu cuerpo era sólo mío
mentiste, mentiste y mentiste
cuanto amor se puede contener
sabiendo que no se puede medir
el engaño no tiene fin
cuando nace de ti
escupiste en mi cara
con tus dioses en trajes de payasos
no alcance a cubrirme
cuando actuaban con su pillería

dirigidos con avaricia
me destrozaron en pedazos
ingeridos por los buitres
los dioses y sus quehaceres

traicionero

la distancia esta hecha a mano
tus labios en la cumbre del extraño
alguna vez tendiste tu mano?
frio y empaño
supimos vernos y matarnos
caminamos al entierro
del amor y mi cuerpo
qué importa mi cuerpo?
deberíamos quemarlo.
con pasión del sol iluminado
traigamos más de eso
que yo he quedado tieso.
recuerdos de tu sonrisa
calma la pena mía
ya no están por mi ahora
que me siguen por porfía
he despertado la furia
de los que me odian
he despertado la furia
de los que te aman.
las nubes protegen mi salida
el viento deja de soplar
mis ojos se secan
esta todo azul
con mi amigo
el traicionero

traitor

the distance is made by hand
your lips on the peak of the stranger
did you ever lend a hand?
cold and foggy
we managed to meet and kill each other
we walked to the burial site
of love and my body
does my body even matter?
we should burn it.
with the passion of the shining sun
let's bring more of that stuff
because I've become stiff.
memories of your smile
calm my sorrow
they are no longer there for me now
they follow me stubbornly
I have awakened the fury
of those who hate me
I have awakened the fury
of those who love you
the clouds protect my way out
the wind stops blowing
my eyes go dry
everything's turned blue
with my friend
the traitor

decía mi madre

no soy bueno en nada decía mi madre
influenciada por el conventilleo confuso
imparable en pueblos pequeños
donde saben tu historia distorsionada
con más bajos que altos
alimentada por emociones y envidia
al ver que no tienes padre
él está muerto hace rato
al saber que tu madre tiene otra familia
ya con hijos y nueva casa

cuando creces y sales a la calle por primera vez
la gente te pregunta
quién es tu padre?
cuál es tu apellido?
y si no hay una respuesta familiar
se torna en algo prejuicioso
con derecho a tomar ventaja
en cierta forma algo casi superior
insuperables y totalmente lejos de la realidad

quizás una realidad lejana y extraña
una realidad que muestra rasgos de vulnerabilidad
al no tener conciencia de la realidad del otro

para terminar quiero decir que mis alas
todavía siguen creciendo contigo vida
y cada noche que muero, en silencio
ellas crecen y crecen para el nuevo vuelo
de mañana o de tarde, con o sin razón
para encontrarte y romperte el corazón

my mother used to say

I'm not good at anything, my mother used to say
she was influenced by the confusing gossip
that is unstoppable in small towns
there, everyone knows your history, distorted
with more low points, than high ones
fueled by emotions and envy
because you have no father
he died a long time ago
when he found out your mother has another family
already with children and a new house

when you grow up and hit the streets for the first time
people ask you
who is your father?
what is your last name?
and if there isn't a familiar answer
it turns into an opinionated affair
they feel entitled to take advantage
in a certain way, they feel almost superior
unbeatable and totally far from reality

perhaps a distant and strange reality
a reality that shows traits of vulnerability
because they have no conscience of the reality of the other

to finish I want to say that my wings
still they keep growing with you, life
and every night that I die, in silence
they grow and grow for the next flight
either in morning or in afternoon, with or without reason
to find you and break your heart

te pienso a diario

cómo negarte, que te pienso a diario
estas lejos de todas las formas que conozco
te haces !!!
te regalas por nada que te haga crecer
aquí estoy !!!
aquí he estado por todo este tiempo para ti
con tu mirada
clavada en mi pecho infinito rojo sangriento

ya han pasado muchas nubes desde que se cruzaron nuestras
miradas
no es tiempo para crucifixiones sobre lo dolido
y lo dejado en velador del olvido
manoseado y observado todos los días como la cocina
quemada en la montaña
saturada de expectativas durmientes en el egoísmo crónico de
las mentes cerradas

I think about you every day

I cannot deny that I think about you every day
you're so different from all the shapes known to me
you fake it !!!
you give yourself away for nothing that makes you grow
I'm here !!!
all this time I've been here for you
with your eyes
nailed to my bloody red infinite chest

very many clouds have passed since we exchanged glances
this isn't the time to crucify what's hurting
and what's left on the nightstand of oblivion
it's been groped and scrutinized every day as the kitchen
burned on the mountain
saturated with dormant expectations in the chronic selfish-
ness of closed minds

a quena painfully weeps

because of the love that has been betrayed
trashed with fake melodies
decorated with fantasies and rose color

when ice forms in the mountains
when the sea is in turmoil
the wind hacks with rage
at the jester that's wounded by forced laughter

the compensation of the surrendered Heart
shaken by the presence of you, woman
dying bleeding from open veins
used to feed the unreasonable

my voice comes out stronger
there's been so much slander
fabricated against me
incoherent to the facts
I, a man, layed on your chest

una quena se lamenta dolorosa

de saber que el amor ha sido traicionado
basureado con melodías falsas
adornadas con fantasías y color de rosa

cuando en la montaña se hacían los hielos
cuando la mar se torna brava
el viento aserrucha con rabia
al bufón herido de hacer reír a la fuerza

la compensación del Corazón entregado
sacudido por la presencia de ti mujer
el morir sangrando a venas abiertas
usadas para alimentar al sin razón

con más fuerza me sale la voz
por tanta calumnia
que se ha hecho en mi contra
incoherente hacia los hechos
yo hombre estuve en tu pecho

how can I help you, brother?

I have been writing and killing
and I have lost
the time
the light
the night
the morning
the sun
the moon and the stars

how can I help you, brother?

while collecting memories
I've let go
your lies
your smile
your dance moves
your smells
your scars

how can I help you, brother?

when I gave you my love
they fled
your eyes
your lips
your kisses
your little forest
your stream
your ray of light

how can I help you, brother?

when I open my eyes
I've let go
your truth
your name
your presence
your colors
and your songs

como puedo ayudarte hermano?

escribiendo y matando
se me ha ido
el tiempo
la luz
la noche
la mañana
el sol
la luna y las estrellas

como puedo ayudarte hermano?

recolectando recuerdos
se me han ido
tus mentiras
tu sonrisa
tu bailar
tus olores
tus cicatrices

como puedo ayudarte hermano?

cuando te di mi amor
se ha ido
tu mirada
tus labios
tus besos
tu bosquecito
tu vertiente
tu rayo de luz

como puedo ayudarte hermano?

al abrir mis ojos
se me ha ido
tu verdad
tu nombre
tu presencia
tus colores
y tus canciones

going camping

finally we are going camping
we have never done it together
I haven't camped out for months
I would say, years, time passes
and I cross the line

they found me in my 40's
and I lost at 39
at 38 I lost the second one
at 28 the first one
at 25 the one I loved
at 23 the one I cherished
at 21 the woman
at 17 the one in my dreams
at 13 the juicy one
at 6 the kindergarden teacher
at 9 months, my mother

a campar

finalmente nos vamos a campar
no lo hemos hecho nunca juntos
no he acampado por meses
yo diría, años, el tiempo pasa
y yo me paso

me encontraron los 40
y perdí 39
a los 38 perdí a la segunda
a los 28 a la primera
a los 25 a la amada
a los 23 a la querida
a los 21 a la mujer
a los 17 a la sueño
a los 13 a la jugosa
a los 6 la educadora
a los 9 meses mi madre

432

no one cares
when you go
and in the end
we will burn

again

if you see
up high - the sky
the sun is burning
and you see my face

again

each and every sprint
they clap in your head
shape your life
with colors all over

again

I see you
flying for love
and the same time
you die for it

again

I can not
touch your heart
for all the real things
they kill me

again
again
again
again
again

432

a nadie le importa
cuando te vas
y en el fin
vamos a arder

otra vez

si tú ves
en lo alto, el cielo
el sol esta ardiendo
y ves mi cara

otra vez

todos los piques
aplauden en tu cabeza
dan forma a tu vida
con colores por todas partes

otra vez

te veo
volando por amor
y al mismo tiempo
mueres por él

otra vez

no puedo
tocar tu corazón
porque todo lo real
me mata

otra vez
otra vez
otra vez
otra vez
otra vez

stop Chile

guitars and tormentos are present at the rodeo
the latent rattle of the radio was silenced
the cuecas and the stomping have started, compadre
get off your horse, your excellency !!!!
and start dancing !!!
a cueca with a conscience !!

the girls and boys are happily dancing
the little kids are spinning tops
the kite needs more thread to fly higher
the empanadas are warm on the tables
the chicha already causing problems in my beard

endieciochao means we are crazy, happy and sleepless
if you haven't lived through that you are not at all chilean,
my comrade
with family, friends, the drunks and those from beyond
it's a little hard to walk in a straight line in this beautiful time
of the year
stop Chile, the eighteenth (of september) is upon us. for
fuck's sake !!!

deténgase Chile

guitarras y tormentos presentes en la media luna
se apago el chicharreo latente de la radio
empezaron las cuecas zapateadas compaire
ya bájese del caballo, su excelencia !!!!
y póngase a bailar !!!
una cueca con conciencia !!

las muchachas y muchachos están felices cuequeando
los cabros chicos jugando al trompo
al volantín le falta más hilo para volar más alto
las empanadas están calentitas sobre las mesas
la chicha ya causando problemas en mi barba

endieciochao andamos locos, felices y trasnochado
pa' l que no ha vivido eso no e' na chileno oiga gancho
con la familia, amigos, jugosos y los del más allá
cuesta un poco caminar derecho en este tiempo tan lindo
que se detenga chile que se viene el dieciocho mierda !!!

fresh from the bath

illusions connected with aspects
all physical and thirsty
of everything tangible
on the skin

disturbing eyes
that don't allow you to think
you blind me with gray colors
because you don't want to see
with your eyelids shut

the tongue is tired from talking
when it´s made for licking
and when it licks it's a sin
a master for the insane man

ears, you came out of the head
to hear the truth
in music and poetry
from the mountain and the rivers
why are you listening to man?

this pure pleasure is for you
to be able to smell everything
you came out of the face
following the bouquet
of fresh roses
or a woman fresh from
the bath

recién bañada

ilusiones conectadas con aspectos
todos físicos y sedientos
de todo lo tangible
sobre la piel

ojos perturbadores
que no dejan pensar
me ciegas con colores grises
porque no quieres ver
con tus parpados cerrados

lengua fatigada de conversar
cuando su función es lamer
y cuando lame es pecado
patrón para el hombre insano

orejas saliste de la cabeza
para escuchar la verdad
en música y poesía
de la montaña y de los ríos
que haces escuchando al hombre?

para ti quedó el placer puro
de oler todo
saliste de la cara
siguiendo el bouquet
de rosas frescas
o mujer recién
bañada

facho pobre arrepentido

gatos, perros y peces en cuenta diaria
que desastre más curioso de estudiar
pedimos que se asemeje a lo que nos pagan
por lo que nos roban a diario a morir.
qué lástima nacer en el medio del gentío
grita el facho pobre arrepentido
cantando a los huasos quincheros
todo entumido, cagado de frío
ya se me hace raro, dice el facho pobre arrepentido
que mi general no nos salve de estos animales comunistas
yo vote por Piñera porque no se que para donde va la micro
y nunca la tomé, no tenía plata para el pasaje
soy el facho pobre no lo voy a negar
defiendo al que me pisa, no lo voy a negar
me gusta el patrón con tetas, no lo voy a negar
y a la iglesia le pago, no lo voy a negar
como facho pobre arrepentido, no lo voy a negar
me gusta la media agua, no lo voy a negar
ando cagado de hambre, no lo voy a negar
ando pato aunque pagado, no lo voy a negar

impoverished right wing facist repentant

cats, dogs and fish accounted for daily
what a curious disaster to study
we ask that it be similar to what they pay us
what they take from us on a daily basis, until we die.
what a shame to be born in the middle of the crowd
shouts the impoverished right wing facist repentant
singing along to the huasos quincheros
all numb, because it's fucking freezing in here
it already seems strange to me, says the impoverished right
wing repentant
that my general is not saving us from these communist
animals
I voted for Piñera just because and I don't know where the
bus is going
and I never got on it, I didn't have money for the ticket.
I'm the impoverished right wing facist, I'm not going to deny
it
I defend the one who steps on me, I will not deny it
I love my big fat boss, I won't deny it
and I pay the church, I'm not going to deny it
like an impoverished right wing facist would, I will not deny
it
I like my shack, I will not deny it
I'm fucking starving, I'm not going to deny it
I'm broke even though I just got paid, I will not deny it

caído

he caído en lo más profundo del engaño
he terminado siendo al que se le miente
y no se siente bien aunque moleste
han sido años de mentiras en el baño

....

ella duerme con otro hombre
mantenido por sus padres
ella llama a otro hombre
ella piensa a otro hombre
ella es feliz con otro hombre
ella se masturba en otro hombre
ella se quiebra en otro hombre
ella se muere por otro hombre
pero yo pago las cuentas
del auto que maneja
…con otro hombre

fallen

I've fallen deep into deception
I've ended up being the one lied to
and it doesn't feel good even though it bothers
it's been years of lies in the bathroom

. . . .

she sleeps with another man
financed by his parents
she calls another man
she thinks of another man
she is happy with another man
she masturbates on another man
she breaks into another man
she dies for another man
but I pay the bills
of the car that drives
... with another man

el trofeo

cómo me pudo suceder
ante mis ojos él la supo querer
todos supieron a tiempo
todos los vieron a tiempo
yo los sentí a todos
haciendo barra sobre la conquista
americana con cuerpo de latina
entre más seca más dolida

mis besos no te despiertan
mis olores no te excitan
mi cuerpo te entorpece
mi rabia te da ira
como reanimar a un amor asesinado
muerto desde sus cimientos
fundado en la mentira y lo objetado

los quienes robaron mi amor
planearon botarme a la basura
con el trofeo en las manos y la piel
nada más importante que la gloria

ellos no te van alimentar
a ellos no les importa el fruto de nuestro amor
ellos solo quieren el trofeo húmedo y fácil
ellos buscan un trofeo ya ganado
peleado con amor y paciencia

ahora que sigo creyendo
con evidencias claras de engaño
lo prometido es verga salada
sólo me queda dibujar amor
sobre un lienzo rayado

the trophy

how could it happen to me
before my eyes he knew how to love her
they all knew in time
they all saw them in time
I felt them all
cheering for the conquest
an american with the body of a Latina
the drier it gets the more it hurts

my kisses don't stir you
my smells don't excite you
my body drags you down
my anger makes you mad
how to revive a murdered love
dead since it was founded
on the lie and what you objected

the ones who stole my love
they planned to throw me away
with the trophy in the hands and the skin
nothing more important than glory

they will not feed you
they don't care about the fruit of our love
they just want the easy wet trophy
they look for a trophy already won
fought with love and patience

now that I still believe
with clear evidence of deception
the promise is a salty cock
the only thing left is to draw love
on a defaced canvas

pale buildings

bottled up in traffic
of the sinister concrete
invisible faces!
and broken mirrors
pale buildings
for you my friend
time is bleak
because we come
exhausted, all of us
down from the summit
we ran very hastily
as if we lived busyly
born to die
dead to live.
concrete without borders
don't leave me out
triggering whatever
in this new era
everything is plastic on the planet
from the ass to the tits
everything is so superficial
I seem from outer space now

edificios pálidos

embotellados en el tráfico
del concreto siniestro
caras invisibles!
y espejos quebrados
edificios pálidos
para ti mi amigo
el tiempo es fúnebre
porque venimos
todos agotados
desde la cumbre
corrimos muy apresurados
como si viviéramos ocupados
nacidos para morir
muertos para vivir
concreto sin fronteras
no me dejes afuera
gatillando lo que fuera
en esta nueva era
todo esta plástico en el planeta
desde el culo hasta las tetas
todo es tan superficial
ya parezco espacial

XL

like a looney you go through life with a smile
united in peace to nature
intruder in spatial matters
sowing deserved and delicate love

XL

Loco vas por la vida sonriendo
Unido en paz a la naturaleza
Intruso en las materias espaciales
Sembrando merecido y delicado amor

sangre dulce joven para una vieja noche dorada

ella salió corriendo por el oro
dejándonos en la oscuridad
mientras Durga y yo dormíamos
soñando en un lugar seguro y confortable

sonidos de todas partes
invadiendo mi mente
colocando el dolor enfermo
sobre la roca de lava fría

ella está en una de sus camas
ella está en uno de sus palacios
ella está en uno de sus autos
ella está en uno de sus templos
ella está en TODOS ellos
él está dentro de su mente
él está fuera de su mente

la aventura sigue adelante
con cicatrices que nadie conoce
bienvenidos a las aventuras del amor
donde nadie muere, pero todos resultan heridos

Young Sweet Blood for a Golden Old Night

she ran out for gold
leaving us in the dark
while Durga and me were sleeping
dreaming in a safe and comfortable place

sounds from everywhere
invading my mind
placing the ill pain
on a cold lava rock

she's on one of his beds
she's on one of his palaces
she's on one of his cars
she's on one of his temples
she's on ALL of them
he's inside of her mind
he's out of his mind

the adventure is moving on
with scars that nobody knows
welcome to the adventures of love
where nobody dies, but everyone gets hurt

lies showered with blows

in the soul, without direction,
and without collective delay
transforming me into the ogre
in the center of the lie
dirty and efficient tied to its ambiguity.
you soiled my name
you put it in sight
loose lips sink ships
it is not New, but known
announced before the crowd
intruder, convulsive and envious.
this isn't the time for destructive gossip
reminiscent of generals after wars
it takes two to tango
ask the doctor !!!
the tip of your poisonous finger
it has hurt my confidence in friendship
one of my most precious treasures in life
along with family and those who have left
I wish you the best on your way
to historical eternity

mentiras bañadas con golpes

en el alma, sin sentido,
y sin demora colectiva
transformándome en el ogro
en el centro de la mentira
sucia y eficaz atada a su ambigüedad.
ensuciaste mi nombre
lo pusiste en la mira
por la boca muere el pez
no es nuevo, sino sabido
anunciado ante el gentío
intruso, convulsivo y envidioso.
no estoy para chismes destructivos
con sabor a general después de la Guerra
las cosas de dos son de dos
pregúntale al doctor !!!
la punta de tu dedo venenoso
ha herido mi confianza hacia la amistad
uno de mis tesoros más preciados en vida
junto con la familia y los que se han ido
les deseo lo mejor en su trayectoria
hacia la eternidad histórica

oda a un hombre

Clandestino te has quedado en el universo cercano
Lamiendo libros académicos que no enseñan mucho
Al mismo tiempo que te nutres de sus lecturas que
Unen el raciocinio del quehacer humano actual
Diagnosticando cada paso de esta nueva revolución chilena
Ignorando al facho pobre distraído con pequeñeces materia-
listas
Olvidando que el cielo es el limite para lo alcanzable en una
sola vida

Garantizando calidad humana para todos y todas
Andando en donde se pela el ajo y las papas
Jugueteando con las letras para hacer conciencia
Anclando la verdad de todos como el pan y como el vino
Rodeado de los que te aman y respetan tu repertorio
Donde nunca el Diablo ha perdido el poncho en su caballo
Ordenando los quehaceres para los desechables, los mortales

ode to a man

you went underground and stayed in the nearby universe
licking academic books that don't teach much
at the same time that you feed on his readings that
unite the reasoning of the current human endeavor
diagnosing every step of this new Chilean revolution
ignoring the impoverished facist distracted with materialistic
trifles
they forget that the sky is the limit for what is achievable in a
single lifetime

guaranteeing human quality for everyone
walking where people work hard and go mad
fiddling with letters to raise awareness
anchoring everyone's truth like bread and like wine
surrounded by those who love you and respect your repertoi-
re
in a very familiar place close by
distributing the chores among the disposables, the mortals

ode to another man

Call of the east on a white ass
Appear to stay close
Resting safe on my hands
Labor of an eternal friendship

Always in the right spot
Never quit an unknown duty
Dedicated to love and peace
Extraordinarily loyal to his dog
Revolve around his aura
Simple and basic human being
Observer of all nature specks
Notable, generous and grateful man

oda a otro hombre

llamada del este sobre un culo blanco
parece estar cerca
descansando a salvo en mis manos
trabajo de una eterna amistad

siempre en el lugar correcto
nunca renuncies a un deber desconocido
dedicado al amor y la paz
extraordinariamente leal a su perro
gira alrededor de su aura
ser humano simple y básico
observador de todas las partículas de la naturaleza
hombre notable, generoso y agradecido

days

orange and purple days
walking around drenched
you didn't want to be with me
you left me for a fig

blue and yellow days
that I lived in Camarillo
red days and a truce
I grew up in Codegua

just crazy days
with Terry in San Clemente
days without anything going
to return to the Andes

gray smoggy days
when I moved to disgusting Santiago
gray smoggy days
I still have your smog

I don't blame you for running away
we already know who takes care of you
I don't blame you for being cared for
we already know who gets to decide

días

días naranjos y morados
en los que anduve mojados
no quisiste estar conmigo
para irte con un higo

días azules y amarillos
que viví en Camarillo
días rojos y de tregua
yo crecí en Codegua

días loco simplemente
con Terry en San Clemente
días sin que nada ande
para volver a Los Andes

días grises con smog
cuando me fui a Santi asco
días grises con smog
todavía tengo tu smog

no te culpo de tu huida
ya sabemos quien te cuida
no te culpo que te cuiden
ya sabemos quien decide

creation is being exterminated

when we are tired
they come out of the caves to eat us
caves made of gold and silver
fashion designer clothing

I'm already tired from running
hungering for life
thirsting for your water
intoxicated by your air

where is the secret of your lie kept
that keeps the world in the dark
trapped in intellectual selfishness
of exact sciences calculated and immortal

it seems far when we are near
being far so then I can be near
blinded by so much information
what's true and what's false?

se extermina la creación

cuando estamos cansados
salen de las cuevas a comernos
cuevas hechas de oro y plata
vestiduras de etiquetas diseñadas

ya estoy cansado de correr
hambriento de vivir
sediento de tu agua
intoxicado de tu aire

dónde se guarda el secreto de tu mentira
que mantiene al mundo ciego
estancado en egoísmos intelectuales
de ciencia cierta calculada e inmortal

parece lejos cuando estamos cerca
estando lejos para estar cerca
ciegos de tanta información
¿qué es verdad y qué es mentira?

empieza a dar saltos torpes

manténme tibio del elemento

a distancia de los humanos

y llévame lejos de aquí

lo antes posible

start the bumbling leaps

keep me warm from the element

unsociable from the humans

and take me away from here

a.s.a.p.

cuando llueve – llueve

cuando llueve – llueve – la piel se me moja
me pierdo en lo que se me antoja
viviendo contigo – amor – la paradoja
parece que nunca se mantiene floja

aullidos en cantos de personas con el agua corriendo
que llenan espacios con las luces prendidas
conectados – pero sólo en cuerpo y miradas
gris – blanco y negro se la pasan solo bebiendo

when it rains, it rains

when it rains - it rains - my skin gets wet
I get lost inside whatever I want
living with you - love - the paradox
it never seems to get trite

howls in songs of people with the running water
that fill spaces with the lights on
connected - but only in body and glances
gray - black and white all they do is drink

corazones enamorados

tengo ganas de vomitar
pasión, deseo, amor y ternura
de primavera pulsante
en los corazones enamorados
tú lo inspiras siempre y sin cansarte
el brillo de tus ojos al verlo,
el saludo amoroso de tus labios
jugosos y a veces temblando
por algún amor ya traicionado
por estos mismos ojos pardos.

paralelo te sientes infinito
de amor cuento bonito
amor pareces ficticio
corazón me pierdo
en los litros
sintonía de cuerpos amantes
ciegos de caricias fulminantes
tu amor como calmante
amor nunca dejes de
levantarte

hearts in love

I want to vomit
passion, desire, love, tenderness
pulsating spring
into the hearts in love
inspired by you like always and you never get tired
the sparkle in your eyes when you see it
the loving greeting of your lips
juicy and sometimes shaking
for some love already betrayed
for these same brown eyes.

being alike makes you feel infinite
a part of a beautiful love story
love you seem fictitious
heart I lose myself
in the bottle
loving bodies in tune
blinded by withering caresses
your love as a painkiller
love never stop
rising up

el vuelo

es extremadamente difícil encontrarte

junto a mi

cuando estas !!!

y te pones caliente,

desapareces

me haces crecer

y caminar sobre huevos podridos

vas con las aves emplumada

sin ver el tiempo

the flight

it is extremely difficult to find you

next to me

when you are here !!!

and you get horny,

you disappear

you make me grow

and walk on rotten eggs

you leave with the feathered birds losing

track of time

mina

conocí una mina
ella sabía volar
un avión se la llevó

conocí una mina
ella hace mis sueños
dejándome solo
En Kauai un lugar
llamado hogar

ahora que ella se fue
me siento como un loco controlador
tan lejos en su casa
el hombre esta leyendo este poema

girl

I met a girl
she knew how to fly
an airplane took her away

I met a girl
she makes my dreams
leaving me alone
in Kauai a place
called home

now that she's gone
I feel like loco control
so far at her home
the man is reading this poem

a night in Polihale

the days in Polihale were very humid and thorny
hawaiian crowds were not seen in the shadows of the night
just my campfire, soaked from the daytime rain

the girls bathed and enjoyed the waves
they enjoyed dinner, pasta and plenty of melted cheese
then everything went dark and the only thing to do was
enjoy the fire
dazzling and warming the bodies wet from the rain
we got lost in the night covered by clouds and full moon

when we all went to sleep the night was calm
calm and serene like our bodies within the tents
we had peace of mind knowing that the storm of the night
would pass

noche en Polihale

los días en Polihale fueron muy húmedos y espinosos
los gentíos hawaianos no se vieron en las sombras de la noche
solamente mi fogata remojada por la lluvia del día

las niñas se bañaron y disfrutaron de las olas
disfrutaron de la cena, pasta y mucho queso derretido
luego todo quedo oscuro y sólo quedo disfrutar del fuego
encandilando y calentando los cuerpos mojados por la lluvia
nos fuimos perdiendo en la noche cubierta por nubes y luna
llena

cuando todos nos fuimos a dormir la noche estaba calmada
tranquila y serena como nuestros cuerpos en las carpas
tranquilos sabiendo que la tormenta de la noche iba a pasar

alma vagabunda y ciega

¡¡¿¿por qué tú??!!
¿ me dejaste aquí ????

humanos !!!

¿hay alguien más aquí?
de las células de mi sangre
dónde esta la vida ¿dónde está el amor?
¡¡¡eso piensas!!!
¿me voy a salvar
rezandole a tu dios?

alma vagabunda y ciega
déjame ver a través de tu verdad
para cubrir todo lo azul
mi corazón no cacha nada

una especie de melodía suena en mi cabeza
orquestaciones de bronces y cuerdas
sonidos de los ancestros del universo
mientras el planeta vive a la inversa

wander blind soul

why you??!!
left me here????

humans!!!

is anyone else in here?
from the cells of my blood
where is life? where is love?
you think!!!
I will be saved
praying to your god?

wander blind soul
let me see through your truth
to cover all that is blue
my heart doesn't have any clue

a kind of tune is playing in my head
orchestrations of brass and strings
sounds from the ancestors of the universe
while the planet lives inverse

por aweonao

por aweonao
anzuelo y pescado
comí de la frutilla
en una carretilla

carretilla de burbuja
y sin brújula
despeinando a la bruja
me quede sin aguja

por aweonao
cabeza de pescado
el asustado
es coronado aweonaoooooo, aweonao

because i'm a moron

because I'm a moron
hook line and sinker
I ate the strawberry
riding a lorry

lorry made of bubbles
and without directions
messing up the witch's hair
I lost the needle of my compass

because he's a moron
talking nonsense
and frightened
he's crowned king moronic moron

piedras

cómo quisiera volverte a tocar y sentir tu cálido cuerpo
un recuerdo de tu claro amor
me volví inepto ante tu mirada
que nunca sé si me está mintiendo
otra vez las emociones son demasiado fuertes
cómo dejarlas pasar así como así

tengo el alma hecha mierda y los pedazos son testigos
sin poder - ni fuerzas para buscar todo lo perdido
el pecho me sangra – así como lloran mis ojos
lejos – pero muy lejos de aquí
tiene que haber alguien que este encontrando mis pedazos
de alma – corazón – mierda
si sólo encuentra piedras – es mejor estar solo
en el olvido no hay pruebas
en el olvido la memoria es únicamente para sufrir

en el oleaje de tus desnudos besos me perdí
ahora no sé si alguna vez me hayas amado
caliente siempre andas – no de mi – sino que – de lo nuevo
parte de lo viejo me alejo
parte de lo nuevo, no como cangrejo
no traten de darme consejos

rocks

I would like to touch you again so much and feel your warm
body
a memory of your transparent love
I became useless before your gaze
I never know if you're lying to me
the emotions are too strong once again
how am I supposed to ignore them

my soul is shattered and the pieces are witnesses
powerless - there's no strength to search for everything lost
my chest bleeds - just like my eyes are crying
far away from here
there must be someone who is finding the pieces
of my soul - heart - shit
if you only find rocks - it is better to be alone
in oblivion there is no evidence
in oblivion memory only makes you hurt

in the waves of your naked kisses I got lost
now I don't know if you ever loved me
you are always hungry - not for me - but - for novelty
I distance myself from what's old
what's new, I don't eat crabs
don't try to give me advice

kispidi mirtil

li muirti mi ispiri
kin sis kilmillis ifilidis
yi li ricibi
kin mis pis kinsidis

ruini di tinir
is piir ki li di tinir
dijimisli vir
piri ki li ruini sii tinir

li vidi mi dispidi
di si kispidi mirtil
dindi pisi i li inmirtil
disdi ihiri tidi is infiniti
llini di kiliris I sibiris
vicii di diliris I miskirdinis

agradecimientos

A mi madre, por haberme engendrado y dado la vida, siendo el viaducto para que mi alma y el resto de mis componentes físicos salieran sanos y fuertes.

mi hija Kali Sol, por toda la energía e inspiración diaria.

a mis hermanos Diego y Manuel, por todas esas conversaciones durante los horarios más raros en mis viajes por el mundo.

Anthony Wilson, por saber donde poner el clavo.

a Kauai, Hawái por recibirme en su seno, creyendo en mi expresiones artísticas durante los cuatro años que llevo viviendo ahí.

a todos ustedes por haberse tomado el tiempo en sus vidas en leer y compartir mis poemas.

acknowledgements

to my mother for having engendered and given me life, for allowing my soul and the rest of my physical components to come out healthy and strong.

to my daughter Kali Sol for all the energy and daily inspiration.

to my brothers Diego and Manuel for all those conversations during the strangest times in my travels around the world.

to Anthony Wilson for hitting the nail in the head.

to Kauai, Hawaii for receiving me in her womb, believing in my artistic expressions during the four years that I have been living there.

to all of you for taking the time in your lives to read and share my poems.